Japon
La fabrique des futurs

Jean-François Sabouret

JAPON
LA FABRIQUE DES FUTURS

CNRS ÉDITIONS
15, rue Malebranche - 75005 Paris

ISBN : 978-2-271-07138-5

« Cipango est une île qui est dans la haute mer, au levant, éloignée de la terre ferme de mille cinq cents milles. C'est une île très grandissime. Les habitants sont blancs et de belle manière. Ils sont idolâtres et se gouvernent eux-mêmes. Et vous dis qu'ils ont tant d'or que c'est sans fin, car ils le trouvent dans leurs îles. Peu de marchands s'y rendent, parce que c'est trop loin de la terre ferme, et c'est pour cette raison que l'or y abonde outre mesure. »

Marco-Polo, *Le Livre des Merveilles.*

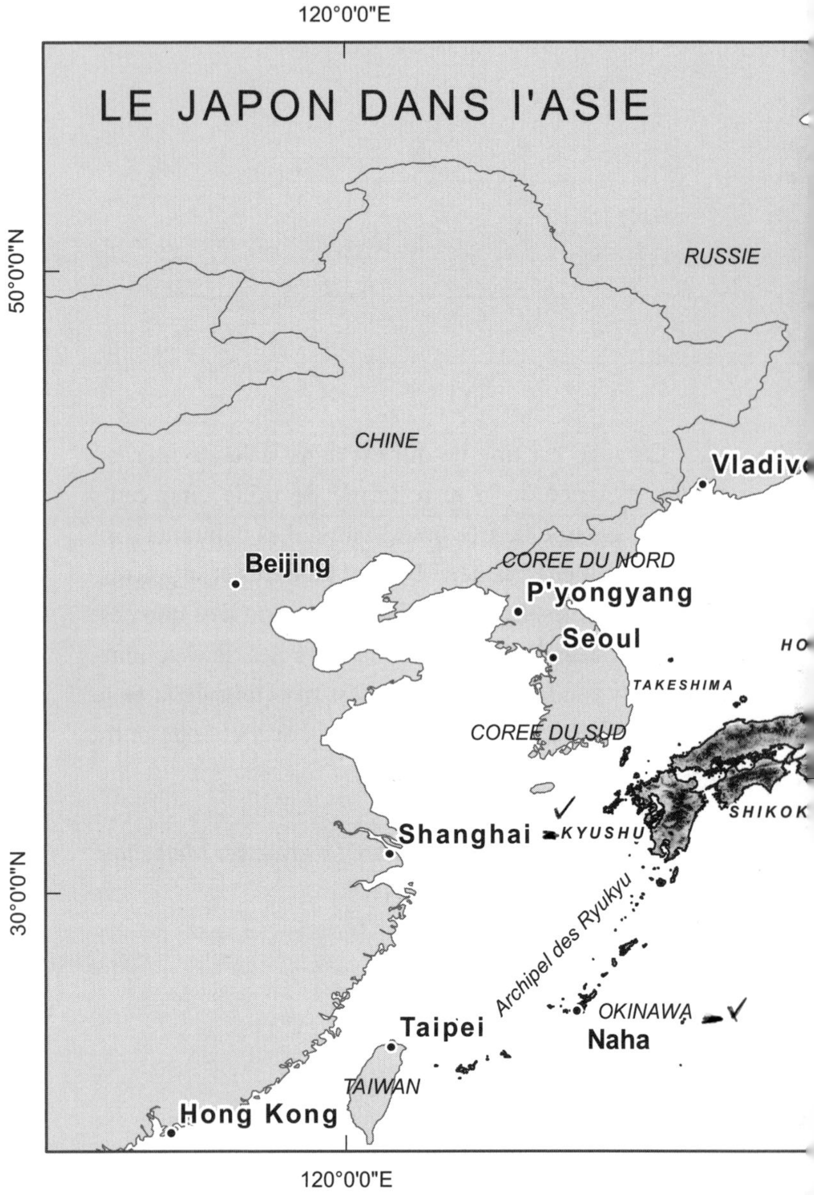

120°0'0"E
LE JAPON DANS l'ASIE
50°0'0"N
RUSSIE
CHINE
Vladiv
Beijing
COREE DU NORD
P'yongyang
Seoul
HO
TAKESHIMA
COREE DU SUD
SHIKOK
Shanghai
KYUSHU
30°0'0"N
Archipel des Ryukyu
OKINAWA
Naha
Taipei
TAIWAN
Hong Kong
120°0'0"E

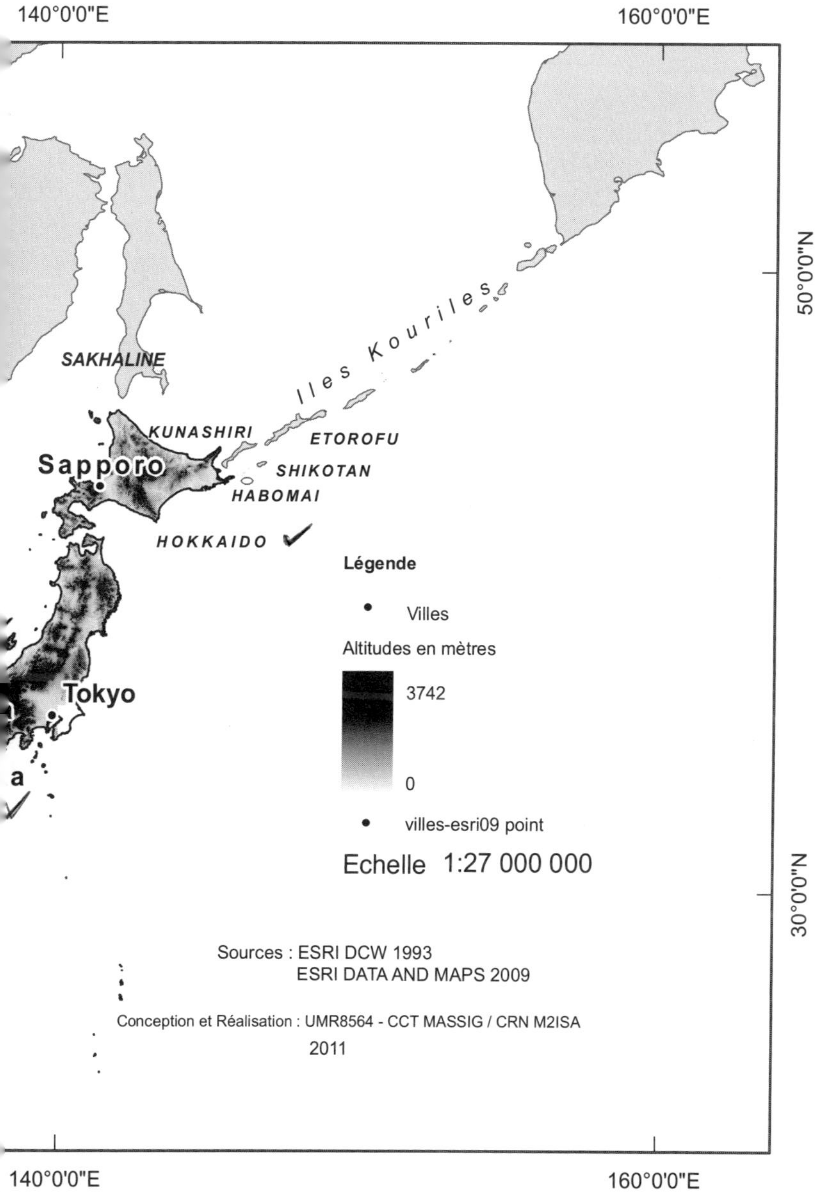

140°0'0"E
160°0'0"E
50°0'0"N
30°0'0"N
SAKHALINE
Iles Kouriles
KUNASHIRI
ETOROFU
SHIKOTAN
HABOMAI
HOKKAIDO
Sapporo
Tokyo
Légende
Villes
Altitudes en mètres
3742
0
villes-esri09 point
Echelle 1:27 000 000
Sources : ESRI DCW 1993
ESRI DATA AND MAPS 2009
Conception et Réalisation : UMR8564 - CCT MASSIG / CRN M2ISA
2011

I. Entre romance et réalité

Hokkaidô, mon amour

Sae est assise sagement dans la micheline qui serpente à travers un paysage de paisibles prairies. Kôhei a eu le coup de foudre en entrant dans le wagon. Ils ont dix-huit ans. Comment parler aux filles quand on est un garçon ? Pas si simple. On peut tout rater d'un seul mot, d'un seul regard. Mais voilà, le destin les rapproche car la micheline au wagon unique et aux sièges bleus a heurté un cerf qui traversait la voie ferrée. Le Grand Nord américain ? Non, japonais. Ah, campagne du Hokkaidô ! Combien Tôkyô paraît une autre planète.

Choc ! Sae trépigne, sa vie bascule. Elle doit se rendre à Kushiro, pour un entretien d'entrée à Waseda, la meilleure université privée du pays. Si elle est en retard, c'est une autre qui aura la recommandation. C'est la chance de Kôhei qui profite du désordre soudain pour l'aborder. Il lui raconte que lui aussi passe des concours et comprend bien sa situation. Il va l'aider. Et les voilà partis, à courir à travers champs pour attraper un bus qui hélas, passe sans les voir. Amère solitude dans ce décor où les élites poussent difficilement, et encore moins sur l'herbe. Il faut repartir. Or, d'un coup, surprise, une camionnette, les clés sur le contact, trône dans la cour d'une ferme. Dans le Hokkaidô, la confiance est aussi abondante que l'air pur. Sae prie, supplie Kôhei d'y voir une invitation à emprunter la camionnette. Comment résister à de tels yeux ? Les voilà donc partis. Mais survient soudain un deuxième coup du destin : un tracteur leur coupe la route. C'est l'accident. Policiers indignés, parents furieux, retard définitif et recommandation envolée s'enchaînent. Kôhei a beau tout assumer, rien n'y fait. Sae est morfondue.

Elle se confie alors : elle vit seule avec sa mère, infirmière, à l'écart d'un village, au milieu des plaines gelées l'hiver, et des prés verdoyants l'été. Son père est mort quand elle avait cinq ans. Elle a toujours eu d'excellents résultats tout au long de sa scolarité, ce qui la dispense de passer le concours difficile et toujours risqué de cette grande université de Tôkyô. Son rêve ? Dominer la langue anglaise et parcourir le vaste monde. Kôhei n'a rien d'une future élite. Le difficile concours qu'il a passé est celui de l'école de pêche voisine, très accessible. Étudier n'est pas son fort et quand il lui écrira des lettres plus tard, il fera des fautes dans l'écriture des caractères, ce qui fera rire Sae, indulgente.

L'avenir de Sae ? Ce sera Tôkyô, la faculté, et un petit boulot d'étudiante, tout en continuant de songer à l'étranger. L'avenir de Kôhei ? Ce sera le port de Shiranuka, pour exercer, sur le bateau pour lequel son père s'est endetté, le métier de marin pêcheur. La vie les sépare. Diplômée, mais sans travail, Sae décide de partir à New York, rejoindre un camarade d'université devenu photographe. Loin de Shiranuka, où Kôhei se bat contre la faillite. La mer autour du Hokkaidô, jadis si célèbre pour ses pêches miraculeuses de hareng ne produit plus que des algues et de l'écume. C'est la ruine. Son père en meurt de désolation. Le bateau est vendu. Désormais, Kôhei doit subvenir au quotidien de sa mère et de sa jeune sœur, aînesse oblige. Il épousera, en « lot de consolation », une camarade de lycée, éprise de lui depuis toujours. À New York, Sae sera veuve avant même de s'être mariée, avec son ami photographe, tué lors d'un reportage en Irak. Rien de nouveau sous le soleil !

Adieu Sae, Adieu Kôhei ? Même s'ils s'aimaient, les chances objectives de les voir réunis un jour étaient plus que minces dans l'empire du diplôme-roi. Ils auraient fait au mieux un *kakusa kon,* un mariage mal assorti. Leur histoire illustre ainsi la grande tornade et le marasme économique qui secouent le Japon depuis l'éclatement de la bulle financière, dans les années 1990, et le surgissement du voisin chinois, décidément très envahissant. Une histoire où la jeunesse vit à l'horizon du travail précaire, du chômage, de l'angoisse et de la désespérance, dans la fausse insouciance du lendemain. Filmée par Doi Nobuhiro, le spécialiste des *jun'ai,* de ces romances où l'amour triomphe, dont raffolent les Japonais, merveilleusement jouée par Aragaki Yui et Ikuta Tôma, l'échappée belle de Sae et de Kôhei a conquis les salles de cinéma, lors de sa sortie, l'été 2010. Le titre même de ce succès *Hanamizuki,* « Le Cornouiller », est en soi symbolique. Le père de Sae a planté cet arbre résistant, peu exigeant, aux très belles fleurs et feuilles, dans son jardin en gage de protection pour sa descendance.

L'exode de la Japan Inc

Que s'est-il donc passé ? Qu'est-il arrivé au Japon des années 1980, possible *Number One* mondial alors, prétendant à dominer la planète ? Et pourquoi ses provinces paraissent-elles désormais si désertées ? Aujourd'hui, dans de nombreux villages et petites villes du Nord, ne reste que le troisième âge. Les jeunes sont partis. Et gare aux élus qui parient de les garder ou de les attirer par leurs investissements, car leur fuite massive vers les grands centres urbains comme Sapporo ou Tôkyô semble inéluctable.

Yûbari est emblématique de cet exode. Cette cité minière compta jusqu'à 120 000 habitants dans les années 1960. En 1990, on y cessa l'exploitation du charbon. En 2010 ne subsistent plus dans de pauvres corons que 11 000 résidents, âgés majoritairement de plus de 65 ans. Après l'échec d'une reconversion dans le secteur du tourisme et des loisirs, la ville a été déclarée en faillite en 2007 avec un déficit de 315 millions de dollars. Un plan d'austérité a été imposé à la ville jusqu'en 2025 pour recouvrer les dettes. Le nombre des fonctionnaires a été diminué de moitié, leur salaire amputé d'un tiers, six écoles primaires ont été fusionnées en une seule. Les parcs de loisirs ont été démontés. Yûbari continue à s'enorgueillir d'un festival international du film fantastique et d'une spécialité de melon de luxe. Mais cela ne suffit pas à faire de cette ville autre chose qu'une ville fantôme, à la population frappée de lente hémorragie.

Le Japon est-il entré dans la vaine spirale des tentatives répétées de renflouement et des plans de relance ? Que doit faire le Japon de sa dette d'État estimée à 200% du PIB ? Jusqu'à quand le Japon pourra-t-il vivre à crédit ? Telles sont les questions que pose le spectacle désolé de Yûbari, entre autres exemples.

La jeunesse japonaise, qui devrait montrer une belle pugnacité pour résister à la guerre industrielle qui lui est faite, a pourtant de moins en moins envie d'aller vivre et même se former à l'étranger. De 123 700 en 2000, ils n'étaient plus que 91 300 en 2009. On met souvent en avant la jeunesse japonaise et l'enfer des concours mais la majorité de cette jeunesse n'est pas concernée par cet « enfer préparationnaire » des grandes universités. Elle semble plutôt vouloir vivre chez soi ne cherchant plus à s'empoigner avec le monde.

Difficile pourtant de jouer les ermites dans la mondialisation actuelle où le Japon est l'un des principaux acteurs. Ce qui était possible jadis ne l'est plus aujourd'hui. Il doit notamment importer une grande partie, et croissante, de sa nourriture (traduit en valeur calorique, 60% en 2010 pour 27% en 1965) comme de son énergie (18% d'autosuffisance, et 4% hors nucléaire, en 2007 pour 58% en 1960). Pour régler ses factures alimentaires et combustibles, exporter lui est une obligation impérieuse. Cela n'empêche pas les jeunes, en proportion significative, de vouloir vivre au pays et jouir de l'hédonisme douillet de la société japonaise qui fait que souvent, étudiant, chômeur, ou salarié, l'on reste vivre chez ses parents, l'on se marie après trente ans, et l'on donne naissance à un seul enfant.

Une partie de la jeunesse, élevée dans les grandes métropoles, se replie ainsi sur elle-même, tout à son rêve « glocal » qui allie le local, l'intimité du gîte et du couvert, et le global, l'immensité de l'internet et de la virtualité. Pourquoi, en effet, courir le monde quand le monde vient à vous, 24 heures sur 24, et presque gratuitement, dans la chaude ambiance familiale ? Après les rapides de la croissance économique des années 1960, les tourbillons de la crise financière des années 1990, la jeune génération semble goûter aux délices du lac de la tranquillité dans le jardin très nippon de la sédentarité. Est-ce là un nouveau *sakoku*, un nouveau grand verrouillage alors que le Japon, au cours de son histoire, n'a cessé d'alterner ouverture et fermeture ?

Nécessité de l'Happy End

La Chine est pourtant là, à côté du Japon et pour longtemps, encombrante, obsédante, menaçante car si les échanges économiques sont puissants, rien n'assure qu'ils dureront. Qui peut lutter, d'ailleurs, contre les armes du nouvel empire du milieu, aux faibles salaires sans concurrence aucune et à la monnaie (le *won*) maintenue artificiellement bas ? Et si l'époque était au désabusement ?

L'espoir qu'avait fait naître la victoire du Minshutô (le Parti démocrate du Japon, le PDJ) en septembre 2009 est vite suivie de désillusions. Gouvernement présenté comme de centre gauche, il a laissé entendre qu'il ferait de nombreuses réformes : un nouveau Japon allait naître, les Américains allaient enfin quitter le sol japonais (on le laissait entendre) et les Japonais allaient peut-être prendre entièrement leur défense en main. La constitution japonaise « pacifique » allait-elle être amendée et l'article 9, celui du renoncement à la guerre, remisé au magasin de l'histoire ? Le peuple japonais attaché à cette constitution, si paisible, à l'abri du parapluie nucléaire américain allait-il suivre le projet d'un Ozawa Ichirô, l'homme fort du Parti démocrate et se rapprocher de la Chine ? C'était compter sans ceux, qui, au Japon comme à l'étranger ne souhaitent peut-être pas ce tournant historique pourtant attendu par beaucoup depuis plus d'un demi siècle.

Mais le « Japonais ordinaire », celui de la classe moyenne est « bon peuple » et veut bien entendre les discours des hommes politiques et parfois y souscrire… pourvu qu'il ait un emploi pour lui et ses enfants. Or on comptait 3,4 millions de chômeurs en septembre 2010 avec un taux de 5% environ. Ce taux monte à près de 9% pour les 15 à 24 ans le même mois. La méthode de calcul mérite cependant d'être affinée. Si l'on ajoute au chiffre officiel de 5,4% de chômeurs (juin 2009), les travailleurs qu'un traitement différé n'a pas encore fait basculer dans le chômage officiel, cela fait monter les chiffres à 8,8% (article du quotidien Sankei du 1er août 2009 : « Les chômeurs cachés du Japon »). On pourrait même, pour faire bonne mesure, y ajouter ceux que l'on nomme les « *freeters* » c'est-à-dire ces jeunes gens de 15 à 34 ans (hors étudiants) qui « choisissent » de vivre de petits boulots. Ils étaient 1 780 000 en 2009. Enfin dans le panthéon des néologismes dont le Japon raffole on ne peut oublier les *NEET* (Not in Education, Employment or Training). Un *NEET* par exemple, ce peut être une jeune fille diplômée, qui ne cherche aucun travail et reste sans rien faire chez ses parents en attendant le mariage, ou bien encore un *hikikomori*, reclus volontaire qui reste cloîtré dans sa chambre. On en a dénombré 630 000 en 2009. Le taux de chômage réel atteint ainsi facilement la barre des 10%. En fait on est plus près des 6 millions de chômeurs.

Or, et quoiqu'il en soit des nouveaux styles de vie que vante la presse, avoir une identité sociale au Japon c'est travailler, c'est pouvoir formuler des projets de mariage, de famille, de retraite, c'est faire confiance à l'avenir. Force est de constater que ces éléments ne sont pas tous réunis en 2010. Et c'est bien ce contexte que décrit *Hanamizuki,* le film de Doi Nobuhiro. Mais sans renoncer, pour autant, à la loi du *happy end,* bien que la spirale de l'échec économique semble inexorable. Kôhei, comme son père, n'arrive plus à faire face aux dettes. Monde implacable des petits pêcheurs, artisans, ou paysans. Il va devoir tenter sa chance sur le bateau des autres. Après sa parenthèse américaine, Sae est revenue vivre dans la maison où elle a grandi, auprès du cornouiller que son père, avant de mourir, avait planté. Elle donne, pour vivre, des cours d'anglais aux enfants du village. L'épouse de Kôhei comprend vite qu'elle n'est pas de taille à disputer Kôhei à Sae. Un simple échange de regards entre les deux ex-adolescents, lors du mariage d'un ami, lui a fait comprendre que l'amour est toujours là. Elle demande le divorce.

Dernière image : Kôhei se rend, tel un vrai marin, le sac sur l'épaule, à la maison de Sae. Tous deux échangent les paroles attendues : *Okaerinasai*, « Je te souhaite un bon retour à la maison » dit-elle ; *Tadaima,*

« Me voilà de retour chez nous » répond-il. Ces mêmes mots qu'échangent chaque jour des millions de Japonais.

Chacun a droit à ses vingt ans même par gros temps. On peut être heureux malgré le chômage, les vicissitudes du moment. Manière de dire, peut-être, qu'il en va de même pour le Japon, et que malgré les grands tourments économiques, sociaux, politiques, militaires, diplomatiques que connaît le pays, le *happy end* n'est pas exclu.

II. Reliance et impermanence

Atouts contre menaces

Que peut nous apprendre le Japon que tous désignaient, il y a peu encore, comme un modèle absolu et qui est si souvent abandonné, désormais, par ceux-là mêmes qui l'ont porté aux nues ? La transformation de l'archipel, entamée il y a cent cinquante ans, en a fait, dans bien des domaines, un pays à la pointe de la modernité. Sur quels savoir-faire, sur quelles valeurs ancestrales ou nouvelles, s'est-il appuyé pour accomplir cette mue ? Sa modernité a été d'un troisième type. Elle n'est pas passée entièrement par la lente maturation européenne, la Renaissance et les Lumières, avec laquelle ont rendez-vous, aujourd'hui, tant de pays qui sont porteurs d'avenir. L'Occident convaincu de son universalité aura sans doute à revoir sa copie et à faire place à tous ceux, Japon en tête, qui entendent participer à l'écriture de nouveaux cadres de pensée, de nouveaux *modus operandi* de saisie d'un monde lui-même soumis à d'incessantes reconfigurations. Le Japon ne sera pas de trop tant il dispose d'outils qu'il met à la disposition de chacun et qui ne réclament qu'un simple apprentissage pour être amalgamés. Les Japonais ont bien appris à se servir de couteaux et de fourchettes et de nombreux Occidentaux savent manger avec des baguettes. Cela s'apprend. Le reste aussi.

À regarder l'histoire de la modernisation japonaise, l'essor d'une société peut paraître du bricolage. Un bricolage de haut vol, mais un bricolage quand même. On importe, on emprunte, on achète, on vole, on adapte, on recycle, on améliore, on invente, on tâtonne dans la tension perpétuelle entre réalités pressantes et besoins nouveaux. À ce jeu le Japon est excellent. Il n'a sans doute pas fini d'étonner et de servir de modèle aux Asiatiques qui recollent au peloton de la modernisation à grande vitesse.

Pourtant, plusieurs discours alarmistes se tiennent autour d'un avenir sombre du Japon et de sa lente régression, discours qui en français se décline selon ce que l'on pourrait appeler les 5 « d » (dénatalité, décroissance, déflation, déficit, démoralisation). D'autres encore parlent des affrontements inévitables, dans la région, entre Chinois et Japonais, entre Coréens et Japonais, entre Russes et Japonais, etc., le tout aggravé par une distance croissante des États-Unis. Il ne faut jurer de rien. Il est vrai que la région est une des plus dangereuses de la planète. Trois grandes puissances militaires (États-Unis, Russie, Chine) sont présentes dans cette partie du monde et entendent bien marquer leur territoire. L'on ne saurait également oublier l'imprévisible Corée du Nord. Le Japon, au milieu de ce terrain miné, se tient sur ses gardes. Qui peut le lui reprocher ? Qui peut souhaiter un tel affrontement armé, une troisième guerre mondiale dont les conséquences seraient planétaires ?

Mais optimisme excessif ou raison craintive, on peut également tabler sur l'entente et l'émulation constructive à terme entre le Japon et ses voisins. On voit fleurir dans la presse asiatique des articles sur l'Union Asiatique à venir comme il existe une Union Européenne. Chinois, Coréens, et autres Asiatiques ont à y gagner autant que les Japonais. Plus exactement, l'Asie a à gagner de l'avancée modernisatrice du Japon.

La plus grande mégalopole de la planète se tient dans les 32 000 km^2 de la plaine du Kantô, au centre de laquelle est située Tôkyô. Quarante-deux millions de personnes y vivent. Autrement dit, chaque jour, ce sont des millions et des millions de salariés qui s'y déplacent, pour se rendre à leur travail et revenir à leur domicile. Pour ce faire, ils empruntent, dans une écrasante majorité, un dense réseau ferroviaire. Les gares sont propres. Les trains, à l'heure. On ne recense ni agressivité, ni agressions ; ni vols, ni violences. Or, pour voir quotidiennement défiler trois millions et demi de passagers, la gare de Shinjuku est classée au Guinness des records comme la plus fréquentée au monde.

Comment se fait-il que les guides touristiques, à l'instar de la Tour Eiffel à Paris ou du Piccadilly Circus à Londres, n'indiquent-ils pas qu'il faut impérativement la visiter, et de préférence à 8 heures du matin en semaine ? Au cœur de l'arrondissement le plus dynamique de la capitale, elle est, depuis sa création en 1885, une énorme machine à drainer les voyageurs, avec ses grands magasins, ses multiples boutiques, ses kiosques sur les quais, ses cafés, ses restaurants, ses chanteurs, ses clochards, ses rendez-vous, ses attentes « pied de grue » et ses retrouvailles « cœur battant ». Une gare, Shinjuku ? Plutôt une curieuse créature, sortie de l'imagination d'un apprenti-sorcier de l'architecture qui aurait été dépassé par la croissance, une sorte de frère aîné du réalisateur Miyazaki Hayao qui aurait anticipé l'univers fantastique de ses dessins animés. Si le « chat bus » du voisin Totoro, doit se cacher quelque part, c'est sûrement là. N'en doutez pas !

La gare de Shinjuku est bien un reflet et un prisme de la modernité japonaise. Elle en récapitule ses grands atouts qui sont la maîtrise de la technologie, la mobilité de la société, et l'inventivité de l'imaginaire. Et incarne surtout une formidable logique de réseau.

Merveilles de la technique

« Un long tunnel entre les deux régions, et voici qu'on était dans le pays de neige ». À la célèbre phrase du romancier Kawabata Yasunari (1899-1972), dans *Pays de neige*, répond cette évocation de l'écrivain Miyazawa Kenji (1896-1933) dans *Train de nuit à travers la voie lactée* : « La jolie petite micheline avançait joyeusement au milieu des roseaux de l'empyrée étirés par le vent, entre les eaux du cours céleste et les lueurs blanchâtres des signaux triangulaires, toujours plus loin ». Ou bien encore l'écheveau compliqué que doit démêler, le long de la ligne reliant Kamakura à Hokkaidô, l'inspecteur Mihara dans *Midnight express*, le polar de Matsumoto Seichô (1909-1992). Et sans oublier l'étrange atmosphère de *La gare aux enfants* de Kuroi Senji où des enfants qui ont perdu leur ticket se voient retenus dans les souterrains d'une station ferroviaire.

Le train hante la littérature japonaise car il est constitutif de la vie du Japonais que ce soit pour les études, les travaux ou les loisirs, lesquels passent par l'efficacité des rails qui sillonnent le pays. Les maisons d'édition ont d'ailleurs élaboré des livres de faible dimension que l'on peut lire debout dans le train, livres très sérieux et qui ne relèvent pas pour autant de la littérature de gare. Des générations de Japonais parcourent dans leurs vies des milliers de kilomètres par ce moyen de transport qui est lié à la culture ordinaire de chacun depuis que le premier train reliant Tôkyô à Yokohama a été inauguré en 1872. Chaque année 22,7 milliards de passagers se déplacent par ce moyen de transport.

D'où les merveilles technologiques que le Japon a développées à cet effet. Le *Shinkansen*, son train à grande vitesse, a été lancé en 1964, à l'occasion des Jeux olympiques de Tôkyô, soit avec près de vingt ans d'avance sur le TGV français (la ligne Paris-Lyon date de 1981). Emblème d'un réseau comptant 27 400 km de voies ferrées, il transporte annuellement 289 millions de passagers. Rarement en retard malgré les séismes ou les intempéries, il n'a déraillé qu'une seule fois, en octobre 2004, sous le choc d'un cataclysme, mais sans faire aucune victimes : les rails étaient trop proches de l'épicentre et les sismographes n'ont pas réagi assez rapidement.

Cette recherche de la prouesse reste indissociable de la notion de « reliance », du lien entre les îles. L'archipel en compte 6 852 dont seulement 400 sont habitées. Les transports, et les constructions dont elles dépendent, s'insèrent ainsi dans une quasi-mystique du lien qui a pour archétype les deux rochers époux de Meoto-Iwa à Ise, rattachés l'un à l'autre par une corde. Ils symbolisent, à leur façon, les dieux créateurs du Japon que sont, dans la mythologie *shintô*, Izanagi et Izanami. Le réseau ferroviaire et ses milliers de tunnels représentent un travail de titan mais que faire d'autre quand on veut aller d'une vallée ou d'une région à l'autre sinon de transpercer la montagne ?

Ainsi l'édification d'ouvrages d'art industriels se situe dans le jeu infini du don et contre-don de l'espace japonais où s'échangent personnes et objets. Et il ne saurait se passer une seconde sans que, quelque part, l'on ne construise une route, un chemin de fer, un métro, un pont, un tunnel. Les quatre grandes îles du pays sont désormais parfaitement reliées entre elles. Le viaduc suspendu d'Akashi, dans la mer intérieure du Japon, est long de 3 911 m. Même l'île du nord, Hokkaidô n'échappe plus à l'île principale du Honshû grâce au cordon souterrain qui a été creusée entre elles : long de 53,8 kilomètres de long, le *Seikan* demeure le plus long tunnel au monde, actuellement en activité.

Cette logique du réseau explique en partie combien le Japon est à la pointe des nouvelles technologies de l'information. Mais cela ne va pas sans provoquer de bouleversements et il est vrai qu'à bord des trains, depuis une dizaine d'années, les téléphones « à tout faire », véritables couteaux suisses de la communication, ont supplanté les livres. Mais, tout à sa quête de la « reliance », le Japon sait aussi s'inscrire dans la continuité. En témoigne l'énorme succès en librairie, au cinéma, et à la télévision de cette autre romance qu'est *Densha Otoko,* « L'homme du train », et qui raconte comment un *geek (otaku)*, en défendant une jeune fille agressée par un ivrogne dans un wagon, gagne son cœur grâce aux subtils conseils des intervenants d'un forum Internet.

Nature et culture

Dans ce pays de montagnes et de collines (73% de l'espace japonais), de mers et de vents, les hasards du climat, les typhons, les tempêtes de neige, les secousses telluriques, les tsunami, n'empêchent pas les Japonais de vivre même si chaque année les éléments et les séismes apportent leurs cohortes de malheur. « On n'y peut rien » (*Shikata ga naï*), disent les Japonais résignés et actifs à la fois. Les trains, les camions, les bateaux, les avions fonctionnent souvent dans une gestion des risques calculés et l'on ne se plaint pas du destin. Au pays des millions de dieux et des croyances *shintô,* il faut s'arranger avec eux et se soumettre à leurs caprices quand on ne peut pas faire autrement. On reconstruit les maisons détruites, les toits arrachés, on lutte contre la neige si envahissante, on remblaie les bords de mer, on refait les routes, on répare le réseau ferroviaire : inlassable main japonaise ! L'homme comme maître et possesseur de la nature, est une pensée qui n'a pu naître que dans des pays cléments. Au Japon on pourrait dire que l'homme est le serviteur et le locataire de la nature, tout au plus. Apprendre à la connaître et s'entendre avec elle ; mais rien n'est jamais acquis et c'est plutôt la nature qui façonne la mentalité japonaise au fil des vicissitudes.

Tôkyô attire et fascine mais pour parodier un titre célèbre en son temps, ira-t-on jusqu'à dire « Tôkyô et le désert japonais » ? Une mégalopole de 42 millions d'habitants, une ville océan de 32 000 km^2, un enchevêtrement de réseaux de transports : pourquoi s'entasser sur 32 000 km^2 quand la superficie du pays en fait 370 000 ? Le grand séisme du Kantô survenu le premier septembre 1923, à midi, rappelle à tous la fragilité des cités, avec ses 105 000 morts et disparus, et ses 575 000 maisons entièrement détruites laissant ainsi 1,9 millions de japonais sans abris. Le Japon des grandes villes construit certes de beaux et insolents immeubles de plus de soixante étages, mais au prix de savants calculs sur les dégâts potentiels en cas de malheur. Le perpétuel, l'intemporel, l'universel même, sont des outils conceptuels d'importation et avec lesquels on risque de se fourvoyer si l'on veut prendre la mesure du monde japonais. L'impermanence y marque de son sceau toute chose de la pensée poétique à la vie quotidienne la plus triviale.

Que ce soit dans le *haïku* de Buson (1716-1783) :

Tsurigane ni	Sur une cloche de temple
Tomarite nemuru	quelque chose dort
Kochô kana	oh, un papillon

Poème quasi intraduisible, qui invite au commentaire : on dira que la cloche symbolise le destin, pouvant à tout moment résonner alors que les hommes, semblables au papillon qui se chauffe au soleil sont insouciants. On pourrait aussi ajouter qu'il ne sert à rien de s'inquiéter, le papillon n'ayant pas accès aux activités du moine. Autre monde, autre cheminement. Ou encore, toujours de Buson :

Mijika yo ya !	Elle est fragile
Ashiato asaki	la trace de nos pas
Yui-ga-hama	sur la plage de Yui-ga-hama

Comment ne pas penser aux *Feuilles mortes*, la chanson écrite par Jacques Prévert et composée par Joseph

Kosma au sortir de la guerre : « Et la mer efface sur le sable les pas des amants désunis » ? Chaque soir, elle déchaîne les karaokés qui peuplent l'archipel tant elle parle au cœur des Japonais. Personne n'ira rappeler que Buson a écrit deux siècles avant Prévert.

Mais si Prévert, comme tant d'autres poètes avant lui, a passé sur l'immuable Pont Neuf qui enjambe la Seine, les Japonais savent bien que l'impermanence frappe au portefeuille. Ils sont d'ailleurs admiratifs devant un immeuble parisien du XVIIIe siècle, « fidèle au poste », dont la valeur croît d'année en année. Heureux pays de France ! Foin de la poésie, de Buson, de Bashô, d'Issa ou de Chiyoni ! Posséder un terrain à soi sur lequel construire sa maison est l'un des grands impératifs de la vie d'un Japonais.

Devenir propriétaire représente cependant un parcours complexe et compliqué. Au Japon, lorsqu'on achète une maison ou un appartement, la valeur du bien commence à se déprécier dès le lendemain de l'achat, exactement comme une voiture en Europe. Jadis, dit-on, il fallait rebâtir tous les vingt ans ; aujourd'hui, tous les trente ans. Malgré tous les progrès techniques accomplis dans le secteur du bâtiment, quoi que l'on fasse, il faut reconstruire sa propriété au moins une fois au cours de son existence : les milliers de séismes parfois même imperceptibles sapent inlassablement les fondations et les murs. Ceci explique d'une part qu'un appartement de deux pièces à Tôkyô flambant neuf, coûtera parfois plus cher qu'un autre trois fois plus grand et mis en service depuis plus de trente ans. D'autre part les Japonais préfèreront toujours des maisons à des appartements car même en cas de séisme, le terrain chèrement acquis garde ses dimensions.

Le prix de la terre fluctue, suivant la conjoncture et la spéculation, mais reste en général très élevé dans les zones urbaines. Lieu emblématique, dans le quartier de Ginza à Tôkyô, le prix réel du *tsubo* (3,3 m^2) atteignit la somme de 140 millions de yens en 1989, au moment de la bulle foncière. Dix ans plus tard, en 1998, il était encore de 55 millions, ce qui restait un prix astronomique. C'est pourquoi un Japonais, pour des raisons de valorisation, cherchera à investir dans le foncier plutôt que dans l'immobilier. Et qu'il n'hésitera pas à faire de longs voyages en transports en commun pour rejoindre une maison dont le terrain est à lui et qu'il pourra laisser à ses enfants en héritage.

La « reliance » mutuelle d'un côté, la propriété individuelle de l'autre : les idées se rejoignent dans le fait d'être maître chez soi. Voilà une des dimensions impératives de la modernisation à la japonaise, mais il en est d'autres, deux principalement, qui méritent d'être examinées.

III. En dehors de l'éducation, point de salut

Le rêve égalitaire

Le deuxième grand impératif de la vie japonaise tient dans l'éducation. L'après-guerre est liée à la croyance que chaque Japonais quel que soit son origine peut prétendre aux plus hauts postes dans le pays, et que, comme pour la jeune Sae, il suffit de bien travailler à l'école pour s'émanciper. Renouant ainsi avec la tradition confucéenne originelle chinoise qui veut que l'éducation soit réservé aux meilleurs sur concours en mettant fin ainsi au système fondé sur le favoritisme et la transmission héréditaire des charges, le mouvement de démocratisation de l'éducation, commencé dès Meiji, s'est trouvé amplifié avec l'occupation américaine et l'imposition d'une certaine vision démocratique venue « d'outre-Pacifique » dans ce domaine.

Le système éducatif actuel est constitué selon la formule du 6-3-3 : six années d'école primaire, trois de collège, et trois de lycée. L'école primaire et le collège, qui recouvrent l'enseignement obligatoire, sont gratuits. Le lycée était payant jusqu'à ce que l'État, sur décision du *Minshutô*, le Parti démocrate au pouvoir depuis septembre 2009, instaure la gratuité pour le secteur public en subventionnant les frais d'enseignement, à hauteur de 120 000 yens par an et par élève. Les lycées privés, dont les frais sont généralement plus élevés et dispendieux, bénéficie des mêmes montants ainsi que de bourses compensatoires pour les familles économiquement faibles.

Si l'éducation jusqu'à la fin du lycée est devenue gratuite, c'est assurément parce que les jeunes Japonais fréquentent le lycée pour 98% d'une classe d'âge et qu'ils obtiennent aussi massivement le *sotsugyô shôsho*, l'équivalent du baccalauréat. Dans un système où chacun fréquente l'école, « ne pas avoir le diplôme de fin d'études du lycée » apparaît comme une anomalie. Chaque Japonais se doit d'avoir ce brevet de normalité. Que l'on soit pompiste, agriculteur ou caissier dans une superette, il vaut mieux être muni du « bac à la japonaise » car on doute des qualités morales d'une famille qui n'a pas été capable de prendre soin de l'éducation d'un enfant jusqu'à la fin du lycée.

Le « bac à la japonaise » est obtenu en faisant la moyenne des compositions trimestrielles ou semestrielles (selon les établissements) obtenues depuis la classe de seconde, lequel transposé dans le système des notes à la française, reviendrait à obtenir un minimum de 8 de moyenne sur 20. L'école japonaise obligatoire (de 6 à 15 ans) cherche à inclure le maximum de personnes et n'a pas recours au redoublement comme en France et dans le second cycle 13 210 lycéens seulement, soit 0,4% de l'ensemble, ont redoublé tandis que 56 948 lycéens japonais ont quitté leur établissement au milieu du cursus (1,7% du total des lycéens) pour l'année scolaire 2009/2010. Leur échec ne vient pas corrompre la représentation idéale du rêve égalitaire.

Que deviennent-ils ? Sans doute, un nombre significatif d'entre eux va-t-il grossir les rangs des *hikikomori,* ces jeunes qui refusent d'aller à l'école ou au travail et qui restent chez eux, cloîtrés dans leur chambre pour de longues périodes dépassant six mois. Ils seraient 700 000 dans ce cas. Quant aux *pre-hikikomori,* qui partagent les sentiments et l'attitude des *hikikomori* mais sans être encore passés à l'acte, on estime leur nombre à 1 500 000.

Dans cette dernière catégorie, qui couvre les 15-39 ans, se trouveraient de nombreux lycéens et étudiants, mais aussi des employés qui n'arrivent pas à s'intégrer dans leurs entreprises, ou encore des jeunes qui n'ont pas pu trouver un emploi.

Trois maux affectent en effet l'école japonaise, comme le montrent les chiffres pour l'année 2009-2010. D'abord les phénomènes de violence : 61 000 cas recensés, afférents aux élèves, aux enseignants, aux matériels et bâtiments, dont 72% commis par des 12-15 ans dans le cadre du collège. Ensuite, forte singularité locale, les *ijime*, les « souffre-douleurs » : 72 500 plaintes déposées. Enfin les *futôkô*, ceux qui refusent de se rendre en cours : 22 000 écoliers, 100 000 collégiens et 52 000 lycéens seraient concernés. Pour eux, le rêve égalitaire a tourné au cauchemar.

Chiffres et coûts

Malgré tous ces dysfonctionnements, la presque totalité des lycéens d'une classe d'âge sera nécessairement munie de son certificat de fin d'études. La situation n'est pas simple pour les enseignants, obligés de donner des cours de rattrapage à ceux qui sont en queue de peloton. À quoi s'ajoute la galaxie des entreprises éducatives privées : les *juku*, qui réparent les manques des cursus officiels et remet chacun dans le droit chemin du savoir minimal garanti et les *yobikô,* qui préparent intensivement les meilleurs aux concours des universités les plus cotées. Mais les *juku* et les *yobikô* se font souvent concurrence sur les mêmes secteurs. Les dépenses annuelles de ce type d'établissement s'élèvent à 1200 euros en moyenne pour un écolier du public et à 2800 euros pour un écolier du privé. Les 49 700 *juku* que compte le Japon, pour un total de 38 000 écoles primaires, collèges et lycées, a ainsi réalisé en 2009 un chiffre d'affaires de presque 9 milliards d'euros. En sus, ou à la place de ces établissements, les parents peuvent également recourir aux *katei kyôshi,* enseignants privés qui peuvent se déplacer à domicile.

Mais une chose est d'obtenir le diplôme de fin d'études du lycée, une autre est de réussir le concours d'entrée dans une grande université. La fièvre des concours se situe là. La plupart réservent des places aux meilleurs élèves, qui ont fait preuve d'excellence et de régularité, mais les deux plus prestigieuses universités d'État, celles de Tôkyô et de Kyôto, n'admettent, sans exception aucune, que sur concours d'entrée. Le système éducatif japonais est pyramidal et ouvre, au sommet, aux hauts postes de l'administration et de l'entreprise. Il sert de filtre pour entrer dans ces lieux convoités.

On compte 1173 universités, dont 75% sont privées, qui, telles des entreprises, restructurent leur offre, fusionnent leurs activités, vont parfois chercher des clients/étudiants à l'étranger, et peuvent aussi faire faillite. 778 d'entre elles proposent des cursus de quatre ans et 395 des cursus de deux ans. Mais une quinzaine seulement rafle la mise des forts emplois où l'on cumule salaire, sécurité et pouvoir. Inutile de souligner qu'elles sont les plus recherchées. Les autres, selon une gamme descendante, relâche la pression à l'entrée et, pour celles qui sont en bas de tableau, il arrive parfois qu'il y ait plus de places offertes que de candidats.

En 2008, le coût moyen annuel des frais d'inscription et de scolarité était de 1 183 000 yens auxquels il fallait rajouter 676 300 yens pour les frais de logement et de nourriture, soit un total de 1 859 300 yens (environ 16 900 euros). Pour comparaison, le total des frais à l'entrée de l'université nationale de Tôkyô pour la première année était de 818 000 yens (environ 7 400 euros, 1 euro = 110 yens), ceux de l'université privée de Keio, rivale de Waseda, étaient de 1 253 000 yens (11 400 euros) pour la faculté de Lettres et de 1 723 000 yens (15 700 euros) pour la faculté de Science-Ingénierie, les cursus les plus onéreux restant ceux de médecine et de chirurgie dentaire. Toutefois, faute d'étudiants, certaines institutions sont désormais obligées de réviser leurs tarifs. Ainsi l'université privée Matsumoto Dental dont le cursus couvrant six années coûtait environ 57 000 000 yens (518 000 euros), a baissé, depuis avril 2010, à 32 000 000 yens (290 000 euros) en général, et à 5 600 000 yens pour 6 ans (50 900 euros) pour les éléments les plus brillants. Les étudiants peuvent recevoir des prêts d'argent pour leurs études, à rembourser quelques années plus tard. C'est d'ailleurs un frein pour le mariage car les femmes n'ont pas envie d'épouser quelqu'un qui a contracté des dettes.

Si 98% d'une classe d'âge accède au lycée, 50,9% suivent un cursus universitaire de quatre ans et 5,9% un cursus universitaire de deux ans. Et si on y ajoute le pourcentage de ceux qui étudient dans des établissements supérieurs spécialisés, on obtient, en 2010, un total de 79,7%. Ce secteur, plus celui des écoles primaires et secondaires, celui des écoles parallèles que forment les *juku* et les *yobikô*, et celui des divers éditeurs spécialisés dans le domaine, font de l'éducation une activité de premier plan au Japon.

Une matrice citoyenne

Après le logement, l'éducation est donc, pour chaque famille japonaise, un poste budgétaire important. Les cours dans les écoles parallèles, les collèges et lycées privés où l'on prépare les futurs candidats plus efficacement que dans les établissements publics, les frais de concours blancs, les frais d'enseignement supérieur sont autant de lourdes dépenses durant les années capitales de formation. Le coût moyen total des frais d'éducation d'un Japonais, de l'école maternelle à l'université incluse (scolarité, cantine, transport, *juku*, activités artistiques et sportives, loyer, etc.), atteindraient ainsi 12 000 000 yens (109 000 euros) dans le public, et 25 000 000 yens (227 000 euros) dans le privé.

L'école, cependant, n'est pas seulement le lieu où l'on s'instruit mais aussi celui où l'on s'éduque. Il y a certes les enseignements fondamentaux : lire, écrire, compter, mais aussi les enseignements complémentaires, citoyens pourrait-on dire, qui permettent d'apprendre à dessiner, jouer d'un instrument, cuisiner, coudre, jardiner, élever des animaux, nager, lutter, gagner ou perdre en équipe, diriger une réunion, et surtout d'apprendre à respecter les autres, l'esprit collectif et à acquérir le sens de l'action unie.

Dès l'école primaire, les enfants prennent en main l'espace de l'école. Par *tôban*, par roulement de six ou huit par semaine, ils font le ménage dans la classe, les couloirs et les toilettes. Pas question de salir l'espace collectif en jetant des papiers ou de l'eau. La propreté est de mise. Chaque enfant a d'ailleurs un casier à l'entrée de l'école où il troque ses chaussures pour des chaussons. La cour de récréation ainsi que le gymnase sont tenus propres par les élèves eux-mêmes. Ce sont les mêmes qui devenus adultes, respecteront « citoyennement» l'espace public. Impensable d'imaginer un propriétaire de chien laissant les déjections de son animal au milieu du trottoir. Chacun est responsable de tout pour tous. En cela, pour les Japonais, l'école est un irremplaçable lieu de première sociabilité. Les diverses activités sont réparties en *bukatsu*, en clubs. Et les élèves prennent leur repas au sein de la classe avec le maître. Ils sont servis sur des chariots et reçoivent à tour de rôle leur plat, distribué par leurs camarades, tout de blanc vêtus pour l'occasion (*kappôgi*).

Il n'y a pas d'école sans enseignants et ceux-ci, du primaire au lycée inclus, sont présents sur leur lieu de travail cinq jours par semaine et pour pas moins de 38 heures et 45 minutes. Ils ont leur bureau, leur casier, y préparent les cours, corrigent les copies, et reçoivent volontiers les élèves qui, comme en un ballet, défilent pour leur poser mille questions, scolaires ou autres. Résultat, on estime que les enseignants du primaire font en moyenne 1h40 de plus par jour, ceux du collège 2h10 et ceux du lycée 1h40. Leur temps de présence *in situ* oscille donc entre 47 et 50 heures hebdomadaires auxquelles il faut ajouter celui prélevé à leur domicile, pour toutes sortes de tâches annexes, le soir ou les jours de repos. Enseigner au Japon réclame donc un engagement profond et implique des vacances courtes : théoriquement vingt jours par an - en fait beaucoup moins.

Ce lieu d'éducation globale que se veut l'école est en quelque sorte une matrice à fabriquer des Japonais. D'où la difficulté à intégrer quelqu'un en cours de scolarité, quand il rentre de l'étranger par exemple. Dans le même temps, la famille joue son rôle à plein. Derrière la réussite scolaire d'un enfant il y a presque toujours une *kyôiku mama,* une « maman-éducation », une mère attentive, dévouée, sacrifiée diront certains. C'est pourquoi sans doute les femmes japonaises sont de plus en plus hésitantes à franchir le pas de la conjugalité et celui de la maternité. Se marier et avoir un enfant reviennent le plus souvent à quitter le travail définitivement, à rompre les relations amicales et à aller vivre en banlieue au sein d'un couple isolé tandis que le mari, en raison de longues heures de travail et de transport, est souvent absent. Le taux de fécondité aura ainsi été de seulement 1,37 en 2009. C'est là une autre menace qui s'exerce sur la société japonaise. Ce n'est pas la seule.

VI. Tensions et transmissions

Femme, épouse et mère

On se marie plus tard qu'auparavant au Japon. L'âge, en moyenne, pour un premier mariage est de 28,6 ans pour les femmes et de 30,4 ans pour les hommes. En 1970, il était respectivement de 24,2 ans et 26,9 ans. L'union conjugale, surtout, est en recul dans la perception féminine. Des amies d'école ou d'université que l'on quitte, un mari absent et pour ainsi dire presqu'un inconnu, des enfants pour qui l'on se sacrifie et qui vous placeront dans une institution pour personnes du troisième âge, puisque souvent elles survivent à leur époux (la moyenne d'âge est de 86,4 ans d'un côté, de 79,6 de l'autre) : les

Japonaises d'aujourd'hui refusent souvent l'épreuve du mariage.

Il leur arrive aussi de préférer une sorte de mariage blanc, le *sexless kekkon* : officiellement mariés, enregistrés comme tels à l'état civil, partageant le même toit, l'on vit chacun dans sa chambre, sans rapport sexuel. Selon une enquête menée en 2008, 36,5% des couples mariés japonais sont ainsi « sans contact sexuel pendant plus d'un mois sans raison spécifique ». En 2004, ce chiffre était de 31,9% ; il a donc tendance à s'aggraver. Toujours selon l'enquête, cette disposition est à l'initiative des femmes qui la justifient, dans l'ordre, par la fatigue au travail, le trouble de la post-maternité, l'ennui de la sexualité. Chaque partenaire y trouve néanmoins son compte en termes de représentation sociale et de métier : il est important pour la carrière d'un homme qu'il soit marié et grâce au mariage, une femme aussi peut envisager une carrière « comme un homme », transfert ou expatriation comprise si elle n'a pas d'enfant.

C'est que, plus généralement, le statut de la femme a muté. Les couples ont souvent un seul enfant et cet enfant est une fois sur deux une fille qui concentre, désormais, l'attention qui se portait sur les garçons dans les années 1970. Du coup, les filles sont de plus en plus nombreuses à réussir les concours des grandes universités, avec une nette tendance au rééquilibrage entre les deux sexes : en 2010, le taux d'accès à celles-ci a été de 56,4% pour les garçons, de 45,2% pour les filles. Quel avenir, cependant, le Japon offre-t-il à ces nouvelles diplômées ?

On se marie encore certes, mais on divorce aussi de plus en plus : en 2009, on comptait ainsi 714 000 mariages pour 253 000 divorces, soit un rapport d'un tiers. Les services sociaux, les écoles sont confrontés de plus en plus aux problèmes rencontrés par les familles monoparentales : on en dénombre 845 000 pour 48 millions de foyers.

L'utopie de la retraite

Après se loger et payer les études de ses enfants, prévoir sa retraite constitue le troisième impératif du Japonais, sinon une obsession. Les types de plans sont très variés selon que l'on est fonctionnaire, que l'on travaille dans une PME ou une grande entreprise ou que l'on cotise à une complémentaire. Le problème des retraites est d'autant plus préoccupant qu'une personne sur quatre environ a plus de 65 ans (29,4 millions en 2010 soit 23,1%). On compte 8,2 millions de personnes de plus de 80 ans.

Démographie négative, taux de natalité parmi les plus bas au monde (8,5 naissances pour 1 000 habitants), espérance de vie la plus élevée : le problème des retraites et de leurs financements se pose avec une grande acuité. Jusqu'à quand les systèmes de retraites et de santé pourront-ils fonctionner quand on sait la diminution accélérée de la force de travail ? En 1997, quatre personnes entre 20 et 60 ans finançaient un pensionné ; aujourd'hui, elles ne sont plus que 2,5. Qu'en sera-t-il dans vingt ans si la natalité continue à baisser, si une meilleure place n'est pas faite aux femmes dans le cadre du travail et surtout si une part d'immigration n'est pas introduite ? La solution serait-elle d'augmenter la productivité, de se doter de robots performants qui compenseraient une faible productivité, mais est-ce la bonne solution pour le Japon ?

En attendant, la tension se répercute sur les modes de travail. La durée hebdomadaire est « officiellement » fixée à 40 heures, mais dans les faits chaque *salaryman* travaille beaucoup plus, et fait fréquemment des heures supplémentaires (*zangyô*) sans être payé, ce que l'on nomme le service cadeau pour l'entreprise. Plus on descend dans la hiérarchie des entreprises passant des grandes aux petites PME, plus la durée s'allonge pour atteindre 60 heures et plus ! En 2005, le pourcentage des employés masculins qui travaillaient plus de 60 heures par semaine était de 16% pour les 20 à 29 ans, de 24%

pour les 30 à 39 ans, de 22% pour les 40 à 49 ans, de 16% pour les 50 à 59 ans et de 11% pour les plus de 60 ans.

La retraite est donc souvent à la fois attendue et redoutée ! Elle est loin, cependant, d'être toujours idéale. Elle se traduit pour un certain nombre par des problèmes de revenus, de santé, de solitude, toutes situations qui mènent parfois au suicide. Sur 32 845 suicides en 2009, 12 034 concernaient des personnes de plus 60 ans, dont 2 405 de plus de 80 ans. Dans *la Ballade de Narayama*, qui remporta la palme d'or à Cannes en 1983, Imamura Shôhei montre comment, jadis, au cœur de la montagne japonaise, les vieillards de 70 ans, ce qui était alors un très grand âge, acceptaient d'aller mourir volontairement dans les forêts de chênes. Il est difficile de ne pas repenser aujourd'hui à cet aspect de la société japonaise marquée par le bouddhisme, au sein de laquelle la mort volontaire est davantage accepté qu'en Occident et où la question des bouches devenues inutiles à nourrir a toujours été traitée autrement. En 2007, on estimait que 20 millions de personnes, soit 15,7% de la population, vivaient en-dessous du seuil de pauvreté, avec des revenus inférieurs à 1 140 000 yens par an (environ 10 000 euros). Dès 1995, Shindô Kaneto en avait fait le thème de son film *Le testament du soir*, mettant en scène un couple d'artistes vieux et pauvres qui choisissent le double suicide dans une forme de protestation paisible et digne contre l'indifférence de la société à l'égard des personnes âgées et atteintes de maladies comme l'Alzheimer.

Travailler : nécessité et choix

Mais qui sont les pauvres au Japon ? Des femmes seules, en CDD, élevant leurs enfants, le taux de pauvreté des foyers monoparentaux étant évalué à 54,3%. Mais aussi des personnes âgées, surtout isolées, avec un taux qui serait, relativement aux populations de plus de 65 ans, de 38,3% pour les hommes et de 52,3% pour les femmes. Ces mêmes populations représenteraient enfin 596 000 des 1 370 000 foyers percevant les minima sociaux. Troisième âge et pauvreté sont souvent liés.

C'est pourquoi, de nombreux Japonais continuent à être salariés au-delà de 65 ans. En 2008, sur une force de travail de 66,5 millions de personnes, 5,7 millions d'entre elles dépassaient cet âge. Certaines entreprises, dont Juken Kôgyô ou Nishijima, ne fixent d'ailleurs pas d'âge de départ à la retraite. Le ministère de la Santé a répertorié 460 cas de sociétés où des employés de plus de 70 ans travaillent activement.

En 2004, le parlement a voté une loi, applicable de manière exhaustive en 2013, qui a fait passer l'âge de départ à la retraite de 60 à 65 ans pour le secteur privé. Parallèlement, le passage à l'obtention du taux plein dans les mêmes conditions s'achèvera pour les hommes en 2025 et pour les femmes en 2030. L'évolution concernera aussi les fonctionnaires qui, pareillement, ne toucheront une pleine retraite qu'à partir de 65 ans. Pour autant, travailler jusqu'à cet âge et au-delà n'est pas négativement perçu par les Japonais. Bien au contraire.

Ce thème est un de ceux qui véhicule le plus de clichés et de critiques négatives en Europe. Pourquoi travaille-t-on autant au Japon ? Comme ailleurs, pour recevoir un salaire et subvenir à ses besoins. Mais il y a plus : pour pouvoir se réaliser dans et par le travail, aussi humble soit la tâche que l'on accomplit. Les visiteurs étrangers sont souvent étonnés du sérieux et de la diligence avec lesquels les Japonais exécutent leur travail. Apprendre, dominer une tâche et si possible l'améliorer au point qu'elle devienne constitutive de soi, que ce savoir-faire soit un savoir-vivre, voilà ce qui leur importe. En travaillant, on montre que l'on est utile à la société, actif, encore « jeune » et valide. Les salariés âgés de 70 ans affirment ainsi être fiers de transmettre leur expérience aux cadets. Et ce « à la japonaise », non par des mots mais par la démonstration concrète et précise des gestes et opérations.

Le Japon est en effet un pays d'artisans, d'artistes, d'experts qui acquièrent une compétence au terme de longues pratiques. On retrouve cette philosophie dans le monde confucéen des arts traditionnels : *cha no yu*, l'art du thé ; *ikebana*, l'art floral ; *shodô*, l'art de la calligraphie ; *sumie*, l'art de la peinture à l'encre ; *aikidô*, *judô*, *kyûdô*, et autres arts martiaux. Il serait peut-être plus juste de dire que ce que nous nommons art en occident correspond davantage à l'idée de voie (*tao* ou *dô*) au Japon. Longue patience des pratiques et sens de l'effort.

Un archipel des savoirs, des savoir-faire, du travail endurant, et de l'inlassable amélioration, tel est le Japon. On lit parfois que le génie créatif ne pousse guère sur cette terre lointaine. Mauvais joueur que cet Occident, engendré par les Grecs. Qu'est-ce donc que la *mimésis*, sinon ce geste qui cherche par imitation, à reproduire le geste de celui qui a une plus grande maîtrise que soi ? La re-création est quelque part une création et s'il est un « miracle japonais », il est là.

V. Le génie de l'ingéniosité

Japan as number one

Ce peuple d'artisans est aussi un peuple d'ingénieurs. Après la guerre, le Japon, dans sa stratégie de redémarrage économique, a fait le choix d'acheter en masse des technologies, notamment des brevets à l'étranger : pour 41 millions de dollars en 1958, pour 104 millions de dollars en 1962. Mais, au milieu des années 1990, la situation s'inversa. Le Japon commença à vendre plus de technologies qu'il n'en achetait. En 2008, ses achats dans ce domaine se montaient à 5 805 millions de dollars, ses ventes à 21 531 millions. Cette même année, selon la WIPO, la *World Intellectual Property Organization*, les Japonais demeuraient les premiers déposeurs de brevets au monde, avec 500 000 demandes contre 390 000 pour les Américains, 200 000 pour les Chinois, et 170 000 pour les Coréens.

Le Japon à terre, le Japon exsangue qui avait consacré plus de la moitié de son budget à l'effort de guerre de 1937 à 1945, s'était tourné vers la production de biens de consommation pour les familles à partir de 1945 : lave-linge, radio-transistor (le TR55 de chez Sony), téléviseur, aspirateur, réfrigérateur, autocuiseurs à riz. Derrière tous ces objets, il y avait des milliers d'ingénieurs et techniciens, accélérant la hausse du taux de croissance. Ce fut par eux que le Japon connut l'épopée économique que l'on sait.

On peut parler à juste titre d'une stratégie industrielle nationale qui a mis davantage l'accent sur la recherche liée au développement que sur la recherche fondamentale. D'où l'image péjorative de copieurs, de suiveurs guettant l'objet dont ils allaient se saisir pour le transformer en machine de guerre commerciale, que l'Europe prête volontiers aux Japonais. Ils sont, de fait, experts dans l'art d'améliorer un produit, de lui intégrer des nouvelles fonctions, de le faire plus compact, de monter en gamme de qualité, le tout en proposant des prix de vente toujours plus bas. Pour cela, les industriels s'adressent à la première « race » de la terre, celle des consommateurs.

Anecdote significative du fossé qui séparait le Japon et la France des années 1960 : lorsque le Général de Gaulle, alors président de la République, reçut le Premier ministre Ikeda Hayato à Paris, il s'exclama : « Aujourd'hui nous avons la visite d'un représentant en transistors », les stratégies industrielle, commerciale et politique étant fortement mêlées au Japon. Aujourd'hui il semble bien que ce sont les chefs d'État occidentaux qui se transforment autant qu'ils le peuvent en VRP de leurs industries nationales. Plus de morgue ! Les Japonais auraient-ils eu raison avec quelques décennies d'avance ?

Dés le début des années 1980, le Japon devint ainsi la seconde puissance économique planétaire, certains spécialistes le voyant alors accéder rapidement au premier rang. En 1979, l'ouvrage *Japan as Number One* d'Ezra Vogel appelait ainsi les États-Unis à réformer leur stratégie afin de répondre à ce défi. La crise pétrolière avait affecté tous les pays développés. L'archipel l'avait surmontée en produisant de nouveaux biens domestiques à destination de ces citoyens du monde que constituaient désormais les classes moyennes. Ce fut la déferlante des walkmans, chaînes stéréo, appareils photo, caméras, magnétoscopes, climatiseurs, motos, voitures. D'autres pays d'Asie, prenant modèle sur le Japon adoptèrent alors la même démarche, fondée sur la recherche intensive de brevets : la Chine, Taïwan, la Corée, Singapour. Un exemple que, sans doute, l'Inde et le Vietnam chercheront à suivre demain. Dans tous les cas, « l'ancêtre » est japonais.

Dès 1990, la vague des maisons et des immeubles intelligents symbolisa la montée en puissance de la domotique. La stratégie industrielle laissait le pas à l'intelligence artificielle. Aujourd'hui, les divers salons de robotique laissent à penser que tout peut être automatisé et qu'un grand nombre de problèmes sociétaux pourrait trouver là une solution. Emblématiques de la production de robots sont Aibo, « Compagnon », le petit chien de Sony, et Geminoid HI 1 et Geminoid F, les androïdes d'Ishiguro Hiroshi, le premier étant son clone, et le deuxième le parfait sosie, jusque dans les expressions, d'une jeune femme qui existe réellement. Le rêve prométhéen d'Ishiguro, ce « petit-fils de représentant en transistors », il y a peu encore, aurait fait sourire plus d'un technologue mais il marque une multitude d'autres avancées, de petite ou de grande ampleur, elles-mêmes génératrices de nouveaux produits. Car ces androïdes impliquent toutes sortes de recherches sur la reconnaissance et la synthèse de la parole, le déplacement orienté et la capacité d'analyse autonome d'une situation imprévue appelant une réponse adaptée. En 2010, 70% des robots industriels dans le monde ont été produits au Japon.

Au cœur du système, la R&D

Le Japon, selon l'OCDE, se classe parmi les premiers pays au monde dans les dépenses de R&D, de recherche et développement, auxquelles il a consacré, en 2007 par exemple, 3,44% de son PIB. Il est précédé par Israël (4,68%), la Suède (3,60%), la Corée (3,47%) et la Finlande (3,46% en 2008). Mais il devance les États-Unis (2,68%), l'Allemagne (2,54%) et la France (2,08%). La Chine, qui a pris en 2010 la seconde place des économies mondiales, investit pour sa part 1,49%, mais a d'ores et déjà supplanté la Russie et l'Italie. L'archipel reste attentif à cette compétition : les dépenses R&D ont atteint 3,8% du PIB en 2008, le plus haut taux dans son histoire, et le gouvernement Minshutô a décidé de dépasser la barre des 4% avant l'an 2020.

La recherche japonaise, c'est en effet et d'abord la R&D. Elle génère de la richesse, des emplois, des exportations. Elle est au cœur même de la politique du pays. Dès qu'une niche ou une avancée technologique permet d'enregistrer de fortes ventes, le Japon s'y engouffre. L'un des derniers exemples est la Prius de Toyota, vite devenue la « voiture la plus vendue » au Japon, et la « voiture hybride la plus vendue » dans le monde. Les bénéfices d'exploitation attendus pour l'exercice 2010-11 sont de 3,31 milliards d'euros malgré le rappel de dix millions de voitures depuis fin 2009. Sans surprise, selon « *The 2010 EU Industrial R&D Investment Scoreboard* » instruit par Bruxelles, les dépenses en R&D classent Toyota au premier rang mondial pour un montant de 6 768 millions d'euros en 2009 (-5,7% cependant par rapport à 2008).

Ces données n'incluent pas la production de matériel sophistiqué entrant dans la stratégie de défense du Japon, qu'elle soit autochtone ou sous licence américaine. Or divers événements récents poussent l'archipel à se préoccuper davantage de ce secteur de recherche : la visite du président Medvedev, même s'il s'agit, dit-on, d'une opération de communication interne à la Russie dans un contexte d'élection, dans les îles Kouriles du Sud revendiquées par Tôkyô, les revendications concurrentes de la Chine et de la Corée du Sud autour d'îlots remparts, et l'inconnue nord-coréenne quant à l'arme nucléaire en sont les plus importants. Selon le SIPRI, le *Stockholm International Peace Research Institute*, le Japon était, en 2009, au sixième rang des dépenses militaires mondiales avec 51 milliards de dollars (3,3% du total mondial). Cela peut sembler faible au regard des

661 milliards de dollars des États-Unis d'Amérique, des 100 milliards de la Chine, mais pour un pays qui brandit le pacifisme, c'est beaucoup. Si le verrou du renoncement à la guerre et l'article 9 de la constitution de 1947 sautait, il est certain que le Japon chercherait très rapidement à se développer dans la R&D militaire et qu'il se mettrait à produire et à exporter des armes. Une nouvelle niche industrielle est donc potentiellement en attente d'une décision politique.

Pour autant, les aptitudes des Japonais à la recherche fondamentale ne sont pas moindres qu'ailleurs et elles ne sont en rien contradictoires avec leur esprit ingénieur et « façonneur ». Le Japon n'a obtenu son premier prix Nobel qu'en 1949 avec le physicien Yukawa Hideki pour ses travaux sur la prédiction de l'existence des mésons à partir de travaux théoriques sur les forces nucléaires. En 2010, il en totalisait dix-sept, sans compter les treize lauréats japonais du *Japan Prize*, créé en 1985 et considéré comme une sorte de «Nobel bis ». L'*epistémê* n'est donc pas en opposition absolue avec la *technè*. C'est sans doute pour cela que le physicien Gilles de Gennes (prix Nobel 1991), qui avait accroché dans son bureau une affiche déclarant « Au revoir les théories, Bonjour l'action », comptait tant d'amis au Japon.

Questions de voisinage

Où est le Japon des années 1980 que l'on voyait, dans une résistible ascension, ravir la première place aux États-Unis ? Discours optimistes, conquérants, naïfs, revanchards parfois, dépassés surtout. Las, l'Empire du Milieu s'est réveillé et le monde tremble de plus en plus. Depuis 2010, le Japon n'est plus la seconde puissance économique du monde : il a été dépassé par la Chine qui, elle, a réellement les moyens de réaliser le rêve de tout grand pays asiatique de devancer, un jour, les jeunes ou vieux pays occidentaux. Ce qui devrait être le cas, selon les experts, aux alentours de 2030, avant peut-être. Certes le Japon n'est plus second mais il est toujours troisième, donc présent sur le podium. Ce qui n'empêche pas la Corée du Sud d'annoncer qu'elle prendra sa place vers 2020. Dans ce contexte, quelle pourrait être une défense et illustration du Japon ?

La question de savoir si notre avenir se jouait au Japon s'est posée à de nombreux pays asiatiques, il y a deux ou trois décennies. Étudiant la stratégie adoptée par l'archipel, certains lui ont emboîté le pas. Ils sont maintenant au rendez-vous dans bien des secteurs et concurrencent durement leur mentor avec un goût pour la rétorsion quand ils se souviennent encore des atrocités commises par le Japon militariste dans les années 30 ou bien avant dans le cas de la Corée annexée en 1910. Le modèle japonais suivi par ses voisins a été rendu possible par le coût de la main-d'œuvre impliquée. Mais en quoi le Japon peut-il encore être un exemple ou contre-exemple pour d'autres dans les années 2010 ?

Le Japon a fait école en Asie du Nord-Est, tout prêt de ses bases culturelles pour ainsi dire. Ces bases sont celles du confucianisme, de l'effort patient et tenace, du sens de la belle ouvrage, de la diligence devant l'autorité, du respect des personnes et du travail. La « vertu confucéenne », même sous forme d'une vulgate scolaire, est bien présente dans toute cette région. Le « miracle » japonais a été pleinement compris par les Asiatiques : oui, la suprématie occidentale n'est pas une fatalité, oui le temps perdu ne l'est pas pour tous.

Mais derrière la vitrine confucéenne, la Chine a procédé comme le Japon l'a fait jadis : en exploitant assez brutalement la main-d'œuvre paysanne, féminine le plus souvent. Protections sociales minimales, bas salaires, ouvriers révocables à merci. Selon la banque *Mitsubishi Tôkyô UFJ*, à l'automne 2009, les salaires mensuels moyens en dollars d'un ouvrier ordinaire en Asie étaient les suivants : Yangon=23, Hanoi=104, New Delhi=196, Dalian=215, Bangkok=231, Pékin=379, Séoul=1 220, Hong Kong=1 306, Yokohama=3 099. On voit d'emblée que le Japon se situe dans la fourchette la plus haute des salaires en Asie, presque dix fois plus élevé qu'à Pékin. Cette différence notable laisse espérer que le modèle japonais sera aussi suivi dans ce qu'il représente de recherche d'équilibre social.

VI. Le *soft power*

Du cool Japan à la cool Asia

À la faveur des succès militaires, puis économiques, que le Japon a connus depuis le XIXe siècle, des intellectuels ont scruté la culture profonde du pays, y cherchant les raisons de cette supériorité sur les autres pays asiatiques et de cette coupure avec les pays occidentaux. Déjà, à Kyôto, en 1942, lors d'un colloque devenu célèbre, les participants avaient mis en avant la différence fondamentale entre la pensée japonaise du « néant » et la pensée européenne de « l'être ». Bouddhisme extrême-oriental contre christianisme occidental. L'accent sur le holisme confucéen de l'Asie opposé à la pensée européenne trop centrée sur l'individu serait une autre coupure radicale d'avec l'Occident. En conclusion de ce colloque, la supériorité du Japon éclatait au grand jour. Il était le premier pays à avoir « dépassé la modernité », et était devenu ce nouveau chef de file de l'Asie qu'il était censé rallier. La brutale colonisation de la Chine et de la Corée loin de faire adhérer ces pays à la pensée japonaise, aliéna tout capital de sympathie et empêcha un possible et durable échange avec les penseurs asiatiques du continent. La rhétorique interprétative du bouddhisme et du confucianisme avait cherché à asseoir la transcendance du système impérial nippon en guerre. Même si Bouddha et Confucius n'étaient pas solubles dans le sang des guerres, les divisions idéologiques de l'après-guerre ne permirent pas plus de produire une vision du monde *made in Asia* commune aux principaux protagonistes. Et jusqu'au début des années 1980, on ne fit crédit au Japon que de son miracle économique, illustré par toutes sortes d'objets de consommation. Quitte à ranger les divers arts-martiaux et autres méditations transcendantales dans la boîte à travaux pratiques de la pensée orientale.

Au moment où le Japon devient le deuxième grand des économies du monde, les prix du foncier, de l'immobilier et le jeu des prêts bancaires à taux zéro gonflent artificiellement l'indice *nikkei* de la bourse de Tôkyô qui va atteindre son pic le 29 décembre 1989 avec 38 957 points. La balance commerciale japonaise est largement excédentaire. La spéculation mène la danse. C'est à ce moment-là que les produits culturels japonais émergent à l'échelle planétaire. Ce qui donne, à partir de 2000, le vaste phénomène globalisé de *soft power* qu'est la « pensée *cool Japan* ».

Comment définir ce concept, sinon en disant qu'il s'agit d'un terme générique assez vague pour pouvoir recouvrir et labéliser tout un panthéon hétéroclite d'objets, de tendances, de modes, d'expressions de cultures de masse allant de la musique pop à la cuisine en passant par les dessins animés, les bandes dessinées, et qui se déclinent en mangas, *cos'play* (*costume players*), Hello Kitty et autres Pokémons ? Un récent classement des vingt premiers emblèmes du *Cool Japan*, organisé par la très sérieuse chaîne de télé NHK, n'est pas moins instructif : 1- les toilettes japonaises modernes, 2- les cerisiers en fleurs, 3- les boutiques à 100 yens, 4- les feux d'artifice, 5- les objets en plastique figurant les plats dans les vitrines de restaurant, 6- les boules de riz fourrées de poisson ou de prunes salées (*onigiri*), 7- les capsules-hôtels, 8- la danse du *Bon-odori* en été, 9- la contemplation des érables rouges en automne, 10- le *Shinkansen*, train à grande vitesse extrêmement ponctuel, propre au service impeccable, 11- les bars populaires (*izakaya*), 12- le lever de soleil sur le mont Fuji, 13- l'humeur et l'humour des habitants d'Osaka, 14- les bains publics japonais modernes, véritables centres de relaxation et de convivialité, 15- les distributeurs automatiques (*jidôhanbaiki*), 16- les parkings aériens, 17- la carte Suica, sorte de passe-partout, reine de la monétique et des transports, 18- les vêtements Knickerbockers, 19- le mariage shintô, 20- les manga cafés. Il y a là, dans ce bric-à-brac, de l'ancien et du nouveau, de la tradition consacrée et de l'innovation confortable. Au final, il y va sans doute de l'ensemble culturel qui offre au Japonais ordinaire une vie quotidienne à la fois pratique et paisible.

On pourrait faire un parallèle avec la déferlante américaine en Europe, après 1945, où la paix retrouvée rima avec le jazz puis le rock, les voitures Ford ou GM, les cartoons de Disney et les films de Hollywood, les comics et le Coca-Cola. La culture de masse des États-Unis s'est développée dans le contexte de guerre froide, autour du bras de fer idéologique entre Moscou et Washington. Le Japon, quant à lui, se trouve pris aujourd'hui entre deux hyperpuissances dont certains disent que l'une est montante, la Chine et l'autre descendante, l'Amérique. Quoiqu'il en soit, l'archipel joue son rôle de liant dans une culture jeune, mondialisée mais d'abord à forte composante asiatique, d'où l'idéologie est absente. Les notions de *cool* et de *kawai*, « mignon », semblent bien éloignés des valeurs de l'engagement et il est fort à parier que ce n'est pas parmi les jeunes branchés des quartiers *in* de Tôkyô que l'on trouvera un noyau de résistance à l'État policier chinois, capable d'emprisonner un prix Nobel de la paix comme Liu Xiaobo, *leader* de Tiananmen en 1989. L'idée de l'universalisme asiatique qui était l'un des thèmes du colloque de Kyôto en 1942 refait surface sous une forme inattendue, transfigurée et consumériste. Le client est roi dans les démocraties marchandes qui dominent la planète. Pokémon au pouvoir ?

Prospective et perspectives

Deux écueils menacent le regard que l'on peut porter sur le Japon des années 2010 : d'un côté, un aveuglement touristico-folkloriste qui s'ébahit de tout et de rien ; de l'autre, une peur qui cache chez certains une joie déguisée, une *schadenfreude*, quant à la faillite annoncée de « la Maison Japon ».

On aurait souhaité, il est vrai, pouvoir dresser davantage de constats encourageants et en déduire que le Japon a des solutions inattendues à des problèmes que l'on perçoit comme insolubles. Mais l'archipel a encore tant à nous montrer et démontrer. Il suffit de se représenter une ville comme Tôkyô où les trains partent et arrivent toujours à l'heure, où la propreté des rues est l'égale d'une profonde sécurité, où l'on peut faire ses courses, manger à toute heure des repas sains pour des prix accessibles au plus grand nombre, où les gens sont serviables sans être serviles, où la gaîté des bars et des cafés déteint sur une jeunesse qui vit bien sa vie sans se morfondre à chaque instant des désordres du monde.

Cette insouciance est aussi réelle que sont réelles les tensions entre la Chine et le Japon. Quoiqu'il en soit des nouveaux ajustements que souhaite la Chine et des sentiments anti-japonais qu'elle entretient à dessein, les jeunesses de l'Asie du nord-est, ignorantes du passé, semblent dire : « Hiro-Hito, connais pas » et sont emportés par l'esprit *cool*. Cool China, cool Korea, et demain, élargissant le cercle, cool Vietnam, cool India. Comme si devait l'emporter, sur toutes les forces négatives qui ont tendance à dissoudre le lien social, l'univers de gentillesse, la solidarité et l'amitié que promeuvent les expressions culturelles de masse inventées par le Japon. À l'instar des grands maîtres actuels de la robotique qui disent avoir puisé leur imaginaire dans les mangas, Astro Boy, le petit Peter Pan japonais de Tezuka Osamu, né après la guerre, passé de la bande dessinée en 1952 au dessin animé en 1963, est peut-être appelé à avoir une toujours plus belle et nombreuse descendance.

La volonté de résister à la pression politique chinoise et se libérer de la tutelle militaire américaine va-t-elle permettre au Japon de tracer enfin sa propre voie ? Le grand marché du Pacifique qui inclurait les États-Unis, le Japon, l'Australie verra-t-il le jour ? Et qu'en sera-t-il demain de Pékin et Washington ? La Chine, face à une stratégie de *containment* économique de la part des Américains pourrait-elle tenir longtemps si son taux de croissance « tombait » à 5% ou moins ? Elle a d'ores et déjà tout intérêt à développer ses échanges. Ce qu'elle fait de manière croissante avec le Japon, malgré les prurits politiques qui éclatent ça et là. En fait, depuis 2007, pour le Japon, la Chine est devenue, avant les États-Unis, le premier partenaire en termes de commerce extérieur. En 2009, le commerce avec la Chine représentait 20,5% du total du commerce extérieur japonais, tandis que celui avec les États-Unis ne représentait plus que 13,5%. Cette tendance devrait se poursuivre.

Plus généralement, en 2009, 54,1% des exportations et 44,6% des importations japonaises se sont réalisées avec l'Asie. Le commerce se développe dans la région, l'émulation technologique aussi, le PIB de l'Asie augmente, la puissance militaire, la créativité scientifique, artistique, les transferts de technologie bondissent. La culture asiatique de masse ambitionne de devenir la culture monde.

Pour l'heure, de vieux réflexes semblent opposer telle ou telle nation si on n'en considère que certains aspects. Si on regarde l'ensemble, un minimum de sagesse politique, économique, culturelle peut l'emporter. Et l'Asie redevenir le premier continent, puisqu'il faut se souvenir que les PNB cumulés de la Chine et de l'Inde aux alentours de 1750 représentaient la moitié du PNB mondial. Ce ne sera pas *Japan as Number One* mais *Asia as Number One*. Quel rôle les pays occidentaux, qui ont longtemps vécu des dividendes du colonialisme et du post-colonialisme, joueront-ils dans une telle reconfiguration ? Opposition ou alliance ?

Le Japon, même si un certain nombre de voyants économiques et sociaux sont au rouge, a encore de belles longueurs d'avance devant ses voisins et désormais partenaires. Il les a dans les domaines de l'éducation supérieure et de la formation, de la protection sociale, du système des retraites, des salaires, de l'accès à la propriété, de l'accès à un confort de vie pour le plus grand nombre, de la démocratie politique, d'une réelle liberté de pensée et de parole, de circulation des personnes, et d'une plus grande justice sociale.

Il existe une importante classe moyenne au Japon que chacun peut rencontrer aux quatre coins de la planète. Comme Sae et Kôhei, les personnages de *Hanamizuki*, originaires d'une région sinistrée, le Hokkaidô, ces Japonais aiment revenir chez eux. C'est là qu'ils veulent conjuguer le Japon au futur et c'est avec d'autres voisins plus proches, plus naturels sans doute qu'ils le feront : des Coréens, des Chinois, et des Russes.

Difficile de prévoir son destin quand on vit au pied d'un tel volcan. Mais même dans la ville en faillite de Yûbari, les cerisiers sont en fleurs chaque printemps quoiqu'il arrive.

Bibliographie

Ouvrages

Pierre Souyri, *Nouvelle histoire du Japon*, Perrin, 2010

Claude Meyer, *Chine ou Japon. Quel leader pour l'Asie ?*, Presses de Sciences-Po, 2010

Karyn Poupée, *Histoire du Manga*, Tallandier, 2010

Nayan Chanda, *Au commencement était la mondialisation*, CNRS Éditions, 2010

Katô Shûichi, *Le temps et l'espace dans la culture japonaise*, CNRS Éditions, 2009

Liberté, inégalité, individualité. La France et le Japon au miroir de l'éducation, ss la dir. de Jean-François Sabouret et Daisuke Sonoyama, CNRS Éditions, 2008

La dynamique du Japon, ss la dir. de Jean-François Sabouret, CNRS Éditions, 2008

L'empire de l'intelligence - Politiques scientifiques et technologiques du Japon depuis 1945, ss la dir. de Jean-François Sabouret, CNRS Éditions, 2007

Œuvres complètes de Buson « Buson Zenshû », Kôdansha, 1992

Articles

« Declin et avant garde », Philippe Pons, Le Monde, 11 septembre 2010,
« Kama, cité du non retour », Philippe Pons, Le Monde, 8 décembre 2009
« Après l'avoir longtemps occulté, le Japon découvre le phénomène de pauvreté », Philippe Pons, Le Monde, 5-6 février 2009
« Auprès des naufragés de Tokyo », Philippe Pons, Le Monde, 10 juin 2009
« A special report on Japan », The Economist, novembre 2010

Films

Hanamizuki, réalisateur Doi Nobuhiro, 2010
Le testament du soir « Gogo no Yuigonjô », réalisateur Shindô Kaneto, 1995
La balade de Narayama, réalisateur Imamura Shôhei, 1983

Sites web japonais et publications en ligne

Publication en ligne : « ZOOM Japon » Éditions Ilyfunet.
Enquête sur les écoles (2010-11), MEXT (Ministère japonais de l'Éducation)
Enquête sur les problèmes scolaires (2009-10), MEXT
Enquête sur les frais d'éducation (2008-09), MEXT
Enquête sur les situations des enseignants (2006), MEXT
http://www.mext.go.jp/

Enquêtes sur la main d'œuvre, Bureau des Statistiques du MIC (Ministère japonais des Affaires intérieures)
Enquêtes sur les emplois, Bureau des Statistiques du MIC

Livre annuel statistique du Japon (2011), Bureau des Statistiques du MIC
http://www.soumu.go.jp/

Enquête sur l'industrie de services (2009), METI (Ministère japonais de l'Économie)
Livre blanc sur le commerce international (2010), METI
http://www.meti.go.jp/

Livre blanc (2010), Agence japonaise pour les Ressources naturelles et l'Énergie
http://www.enecho.meti.go.jp/

Statistiques sur les exportations et les importations (2009), JETRO (Japan External Trade Organization)
http://www.jetro.go.jp/indexj.html

Statistiques sur le commerce international (2009), MOF (Ministère japonais des Finances)
http://www.customs.go.jp/

Rapport sur l'autosuffisance nutritive (2009-10), MAFF (Ministère japonais de l'Agriculture)
http://www.maff.go.jp/

Rapport annuel sur les transports (2009-10), MLIT (Ministère japonais des Transports)
http://www.mlit.go.jp/

Tableau sur l'espérance de vie (2009), MHLW (Ministère japonais du Travail et de la Santé)
Enquête sur la vie des Japonais (2009), MHLW
Statistiques sur les mouvements de la population (2009), MHLW

Données sur le système des retraites, MHLW
http://www.mhlw.go.jp/

Statistiques sur les suicides (2009), NPA (Agence japonaise de la Police nationale)
http://www.npa.go.jp/index.html

Livre blanc sur la vie des Japonais (2007), Bureau du Cabinet
Livre blanc sur les catastrophes naturelles (2010), Bureau du Cabinet
Enquête sur les *hikikomori* (2010), Bureau du Cabinet
Rapport sur des Japonais précaires (2010), Bureau du Cabinet
http://www.cao.go.jp/

Enquête sur la vie des hommes et des femmes (2008), *Japan Family Planning Association*
http://www.jfpa.or.jp/index.html

Enquête sur les étudiants japonais à l'étranger (2010), société Tomorrow
http://www.anokuni.com/

Enquête sur la vie des étudiants (2008-09), JASSO (*Japan Student Services Organization*)
http://www.jasso.go.jp/

Banque de Mitsubishi Tokyo UFJ
http://www.bk.mufg.jp/

NHK, emissions Cool Japan
http://www.nhk.or.jp/cooljapan/index.html

Université de Tôkyô
http://www.u-tokyo.ac.jp/index_j.html

Université de Keio
http://www.keio.ac.jp/index-jp.html

Université de Waseda
http://www.waseda.jp/top/index-j.html

Université de Matsumoto Dental
http://www.mdu.ac.jp/

Japan Prize
http://www.japanprize.jp/en/

Laboratoire de Ishiguro Hiroshi
http://www.is.sys.es.osaka-u.ac.jp/index.ja.html

Journaux « Asahi », « Yomiuri », « Mainichi », « Sankei », « Nihon Keizai », « Akahata »
http://www.asahi.com/
http://www.yomiuri.co.jp/
http://mainichi.jp/
http://sankei.jp.msn.com/
http://www.nikkei.com/
http://www.jcp.or.jp/akahata/

Magazine « Diamond »
http://dw.diamond.ne.jp/

La ville de Yûbari
http://www.city.yubari.lg.jp/

WIPO
http://www.wipo.int/portal/index.html.en

OCDE, *Main Science and Technology Indicators*
http://www.oecd.org/home

SIPRI, *Yearbook*
http://www.sipri.org/

INED
http://www.ined.fr/

Table des matières

DANS LA MÊME COLLECTION

Régis Debray, *Le Dialogue des civilisations : un mythe contemporain*, 2007

Jean Malaurie, *Terre mère*, 2008

Pierre Nora et Françoise Chandernagor, *Liberté pour l'Histoire*, 2008

Michel Maffesoli, *Apocalypse*, 2009

Maurice Godelier, *Communauté, Société, Culture. Trois clefs pour comprendre les identités en conflits*, 2009

Henri Tincq, *Catholicisme : le retour des intégristes*, 2009

Dominique Wolton, *Informer n'est pas communiquer*, 2009

Alain Bauer, Xavier Raufer, *La face noire de la mondialisation*, 2009

Esther Benbassa, *Être juif après Gaza*, 2009

Michel Maffesoli, *Matrimonium*, 2010

Jean-Robert Pitte, *Le génie des lieux*, 2010

Hervé Gaymard, *Nation et engagement*, 2010

Maurice Godelier, *Les tribus dans l'Histoire et face aux États*, 2010

Philippe de Saint Robert, *Juin 40 ou les paradoxes de l'honneur*, 2010

Achevé d'imprimer en janvier 2011
sur les presses de la Nouvelle Imprimerie Laballery
58500 Clamecy
Dépôt légal : janvier 2011
N° d'impression : 101052

Imprimé en France

La Nouvelle Imprimerie Laballery est titulaire de la marque Imprim'Vert®